P9-CME-057

Primera Comunión

Dr. Gerard F. Baumbach
Moya Gullage

Rev. Msgr. John F. Barry
Dr. Eleanor Ann Brownell
Helen Hemmer, I.H.M.
Dr. Norman F. Josaitis
Rev. Michael J. Lanning, O.F.M.
Dr. Marie Murphy
Karen Ryan
Joseph F. Sweeney

Traducción y Adaptación
Dulce M. Jiménez-Abreu
Yolanda Torres

Consultor Teológico
Most Rev. Edward K. Braxton, Ph.D., S.T.D.

Consultor Pastoral
Rev. Virgilio P. Elizondo, Ph.D., S.T.D.

Consultores de Liturgia y Catequesis
Dr. Gerard F. Baumbach
Dr. Eleanor Ann Brownell

Consultores Bilingüe
Rev. Elías Isla
Dr. Frank Lucido

con
Dr. Thomas H. Groome
Boston College

William H. Sadlier, Inc.
9 Pine Street
New York, NY 10005–1002

Contenido

Contents

Nihil Obstat
✠ Most Reverend George O. Wirz
Censor Librorum

Imprimatur
✠ Most Reverend William H. Bullock
Bishop of Madison
March 26, 1996

The *Nihil Obstat* and *Imprimatur* are official declarations that a book or pamphlet is free of doctrinal or moral error. No implication is contained therein that those who have granted the *Nihil Obstat* and *Imprimatur* agree with the contents, opinions, or statements expressed.

Printed in the United States of America.

S is a registered trademark of
William H. Sadlier, Inc.

Home Office:
9 Pine Street
New York, NY 10005–1002

ISBN: 0–8215–1277–3
1415/05

Rito de bienvenida

Guía: Reunido con tus amigos que se están preparando para la primera comunión. Pide a un adulto de tu familia sostener una vela con una mano y poner la otra en tu hombro. Entonces cantemos:

Señor no Tardes

♪ Ven, ven, Señor, no tardes.
Ven, ven, que te esperamos.
Ven, ven, Señor, no tardes.
Ven pronto, Señor. ♪

Guía: Eres católico. Eres un miembro bautizado de la Iglesia y has celebrado el sacramento de la Reconciliación. Ahora te prepararás para recibir tu primera comunión.

Juntos vamos a leer el mensaje especial escrito en sus velas.

Yo,

_____,

(nombre)

me preparo para recibir a Jesús en la Sagrada Comunión.

Juntos decimos:

Creo en Dios Padre nuestro, Jesucristo, el Hijo de Dios, y Dios Espíritu Santo.

Trataré de seguir a Jesús amando a Dios y a los demás.

Trataré de no herir a los demás.

Trataré de ser justo con todos y de trabajar por la paz.

Trataré de vivir como un buen miembro de la Iglesia.

Por favor, ayúdennos a preparar para recibir a Jesús en la Sagrada Comunión.

(Terminen cantando: "Señor no Tardes").

A Parish Welcoming Rite

Leader: Join with your friends who are preparing for First Communion. Ask an adult in your family to hold a lighted candle in one hand and place the other hand on your shoulder. Then sing:

Children of the Lord

Carey Landry

♪ We are children of the Lord,
  sons and daughters of Light.
We are children of the Lord,
  and we want to walk in God's Light.

Oh, yes, we are God's children;
  We are the gifts of God's love.
Oh, yes, we are God's children;
  To God alone we belong. ♪

Leader: You are a Catholic. You are a baptized member of the Church, and you have celebrated the sacrament of Reconciliation. Now you will prepare to receive your First Communion.

Read aloud together the special message on your candle.

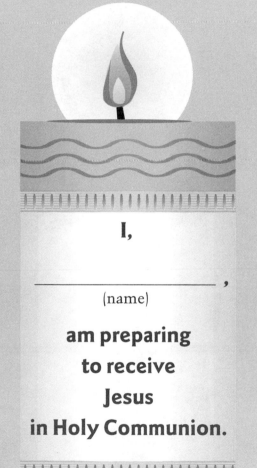

I,

_____,
(name)

**am preparing
to receive
Jesus
in Holy Communion.**

Now say together:

I believe in God our Father, Jesus Christ, the Son of God, and God the Holy Spirit.

I will try to follow Jesus by loving God and others.

I will try not to hurt others.

I will try to be fair to everyone. I will be a peacemaker.

I will try to live as a good member of the Church.

Please, everyone, help us get ready to receive Jesus in Holy Communion.

(Close by singing "Children of the Lord.")

Nos reunimos

¡Bienvenido a tu grupo de Primera Comunión!

Eres muy especial. Estás preparándote para hacer algo maravilloso. Pronto recibirás a Jesús en la Sagrada Comunión.

Tus familiares te van a ayudar a preparar. Tus maestros también te ayudarán. Toda la parroquia está rezando por ti.

Explícanos como te sientes al estar junto a tus amigos para prepararte para la Primera Comunión.

¡Cuántas personas te aman y se preocupan por ti! Especialmente, Jesús te ama y se preocupa por ti. Jesús desea venir a ti en la Sagrada Comunión. ¿Cómo te sientes al saber eso?

Cuando Jesús vivió en la tierra, la gente se reunía con él. Jesús les contó acerca del gran amor de Dios por ellos. He aquí una historia bíblica de esos tiempos.

Welcome to your First Communion group!

You are very special. You are getting ready to do something wonderful. Soon you will receive Jesus in Holy Communion.

Your families are going to help you to get ready. Your teachers will help you, too. Our whole parish is praying for you.

Tell how you feel about being together with your friends to prepare for First Communion.

So many people love and care for you! Most of all, Jesus loves and cares for you. Jesus longs to come to you in Holy Communion. How does that make you feel?

When Jesus lived on earth, people gathered to be with Him. Jesus told them about God's great love for them. Here is a story from the Bible about one of those times.

Los panes y los peces

Una multitud de cinco mil hombres había estado con Jesús todo el día. Ellos querían estar cerca de él y escuchar sus palabras.

Al final del día Jesús sabía que la gente tenía hambre. Nadie tenía comida excepto un niño. El tenía cinco panes y dos peces. ¿Cómo podía Jesús dar de comer a tanta gente con tan poca comida?

Algo maravilloso pasó. Jesús tomó los panes del niño y dio gracias a Dios. El pidió a sus discípulos dar el pan a la gente. Luego hizo lo mismo con los peces.

Todos comieron lo suficiente. Sobró comida, ¡doce canastas llenas¡ Jesús había obrado un gran milagro dando de comer a la gente que tenía hambre.

Basado en Juan 6:1–4, 8–13

The Loaves and the Fishes

A crowd of five thousand people had been with Jesus all day. They wanted to be near Him and hear His words.

At the end of the day, Jesus knew that the people were very hungry. No one had any food except for a young boy. He had five loaves of bread and two fishes. How could Jesus feed so many people with so little food?

A wonderful thing happened. Jesus took the boy's bread and gave thanks to God. He told His disciples to give the bread to all the people. Then He did the same with the fish.

Everyone had enough to eat. Food was even left over—twelve baskets were full! Jesus had worked a great miracle to feed the hungry people.

Based on John 6:1–4, 8–13

Imaginas que llevas el pan y los peces a Jesús. ¿Cómo te sientes? ¿Qué dices a Jesús después que él usa tu regalo para alimentar a la gente?

¿Qué aprendiste de esta historia de Jesús?

Ustedes están reunidos como amigos de Jesús para prepararse para la Primera Comunión. Aprenderán lo mucho que Jesús se preocupa por ustedes. Y pronto él vendrá a ustedes. Recibirán a Jesús mismo en la Sagrada Comunión. El es el Pan de Vida.

Imagine yourself bringing the bread and fish to Jesus. How do you feel? What do you say to Jesus after He uses your gift to feed the people?

What do you learn from this story about Jesus?

You are gathered together as Jesus' friends to prepare for your First Communion. You will learn how much Jesus cares for you. And soon He will come to you. You will receive Jesus Himself in Holy Communion. He is the Bread of Life.

Completa la oración a Jesús. Rézala con tu familia y amigos mientras te preparas para recibir a Jesús en la Sagrada Comunión.

Complete the prayer to Jesus. Pray it with your family and friends as you prepare to receive Jesus in Holy Communion.

† Gracias Jesús por ser
　　nuestro Pan de Vida.
　Ayúdame a compartir tu
　　vida con otros.

Gracias Jesús por

_____

Ayúdame a

_____

† Thank You, Jesus for being
　　our Bread of Life.
　Help me to share Your life
　　with others.

Thank You, Jesus for

_____

Help me to

_____

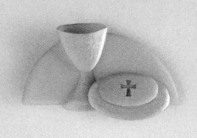

Nos reunimos para la Misa

Los católicos nos reunimos como una familia parroquial para recordar y celebrar que Jesús está con nosotros. En esta reunión damos gracias a Dios por su Hijo Jesús y por todo lo que Jesús hizo por nosotros. Esta celebración se llama la Misa.

Al principio de la Misa somos bienvenidos. Hacemos la señal de la cruz junto con el sacerdote. Pedimos a Dios que nos perdone. Le damos gracias.

Miren la foto.
Expliquen lo que está pasando.

Ahora juntos, vamos a leer las oraciones que decimos al principio de la Misa.

We Gather for Mass

Catholics gather together as a parish family
to remember and celebrate that Jesus is
with us. We thank God for Jesus, the
Son of God, and for all that Jesus did for us.
This celebration is called the Mass.

At the beginning of Mass we are welcomed.
We make the sign of the cross together
with the priest. We ask God to have
mercy on us. We praise Him.

Look at the picture.
Tell what is happening.

Now let's read together the prayers
we say at the beginning of Mass.

15

Principio de la Misa

El sacerdote dice:
El Señor esté con vosotros (ustedes).

Contestamos:
Y con tu espíritu.

Repetimos después del sacerdote:
Señor, ten piedad.
Cristo, ten piedad.
Señor, ten piedad.

Proclamamos o cantamos:
Gloria a Dios en el cielo,
y en la tierra paz a los
hombres que ama el Señor.
Por tu inmensa gloria
te alabamos,
te bendecimos,
te adoramos,
te glorificamos,
te damos gracias,

Señor, Dios, Rey celestial,
Dios Padre todopoderoso.
Señor, Hijo único Jesucristo,
Señor Dios, Cordero de Dios,
Hijo del Padre;
tú que quitas el pecado del mundo,
ten piedad de nosotros;
tú que quitas el pecado del mundo,
atiende nuestra súplica;
tú que estás sentado a la derecha
del Padre,
ten piedad de nosotros;
porque sólo tú eres Santo,
sólo tú Señor, sólo tú
Altísimo, Jesucristo, con
el Espíritu Santo en la
gloria de Dios Padre.
Amén.

The Mass Begins

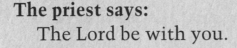

The priest says:
The Lord be with you.

Wc say:
And also with you.

We say after the priest:
Lord, have mercy.
Christ, have mercy.
Lord, have mercy.

We say or sing:
Glory to God in the highest,
and peace to his people
on earth.

Lord God, heavenly King,
almighty God and Father,
we worship you,
we give you thanks,
we praise you for your glory.
Lord, Jesus Christ, only Son of
the Father,
Lord God, Lamb of God,
you take away the sin of the world:
have mercy on us;
you are seated at the right hand
of the Father:
receive our prayer.

For you alone are the Holy One,
you alone are the Lord,
you alone are the Most High,
Jesus Christ,
with the Holy Spirit,
in the glory of God the Father.
Amen.

Jesús está con nosotros

¿Recuerdan lo que pasa al principio de la Misa? ¿Pueden explicarlo?

Luego coloreen los letreros que nos dicen lo que hacemos al inicio de la Misa.

¿Pedirán a sus familias que les lleven a Misa el próximo domingo?

Jesus Is With Us

Do you remember what happens at the beginning of Mass? Tell about it.

Then color only the signs that tell what we do as Mass begins.

Will you ask your family to take you to Mass this Sunday?

Rezamos y cantamos juntos.
We sing and pray together.

Pedimos perdón a Dios.
We ask for God's mercy.

Rezamos el Padre Nuestr
We pray the Our Father.

Alabamos a Dios.
We praise God.

18

En la casa

Esta primera lección da la bienvenida a los niños al programa de preparación para la Primera Comunión. Empezamos con el principio de la Misa—una bienvenida amplia. Queremos asegurarnos que su niño se sienta verdaderamente bienvenido a su grupo de Primera Comunión, así como a la parroquia. La primera lección está diseñada para ayudar a los niños a sentirse como en casa y bienvenidos a la familia parroquial. Los siguientes pasos pueden ayudarle a repasar la lección con su niño.

1. Lea todo el capítulo con el niño. Exhórtele a que le cuente la historia bíblica donde Jesús da de comer a la gente que tenía hambre.

2. Ayude al niño a entender lo que pasa al principio de la Misa. Repasen juntos las respuestas. Pida a su niño llevar a la Misa este misal para seguir cada parte y poder responder.

3. Revise la última página de la lección donde se le pregunta al niño lo que pasa al principio de la Misa.

4. Juntos pasen unos minutos haciendo la actividad **En la casa**, en esta página. Usted ha dado un buen paso al trabajar junto a la parroquia para preparar a su niño para el acontecimiento más importante en su vida espiritual, la Primera Comunión.

Haz un mural especial para la familia.

Invita a los miembros de tu familia a que agreguen notas diciendo:

✢ que están rezando por ti;

✢ que te ayudarán a preparar.

Haz una tarjeta como la que aquí presentamos para empezar tu exhibición en el mural.

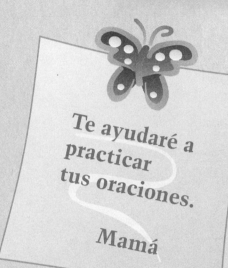

Te ayudaré a practicar tus oraciones.

Mamá

Se acerca el día especial para ti. Rezo por ti.

Tío Juan

Querido Dios:

Me has llamado por mi nombre

_____
(nombre)

Soy tu hijo. Ayúdame a prepararme para recibir a Jesús, tu Hijo, en la Sagrada Comunión.

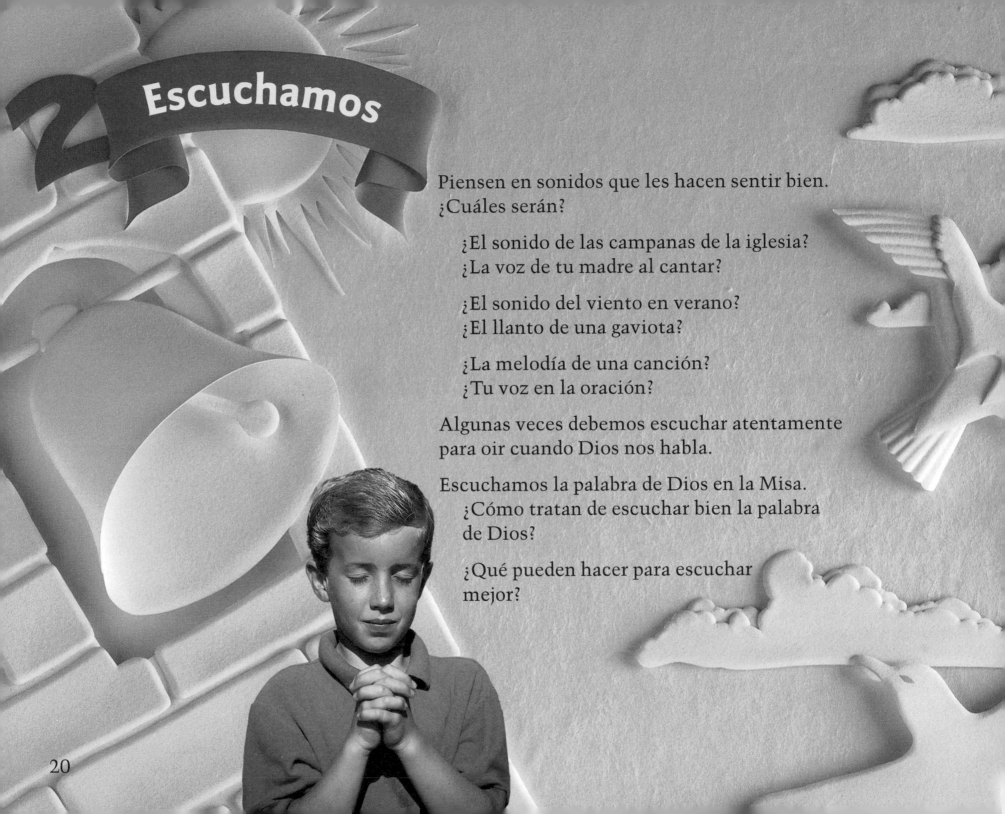

2 Escuchamos

Piensen en sonidos que les hacen sentir bien.
¿Cuáles serán?

> ¿El sonido de las campanas de la iglesia?
> ¿La voz de tu madre al cantar?

> ¿El sonido del viento en verano?
> ¿El llanto de una gaviota?

> ¿La melodía de una canción?
> ¿Tu voz en la oración?

Algunas veces debemos escuchar atentamente para oir cuando Dios nos habla.

Escuchamos la palabra de Dios en la Misa.
> ¿Cómo tratan de escuchar bien la palabra de Dios?

> ¿Qué pueden hacer para escuchar mejor?

Think of sounds that make you happy.
What might they be?

> A church bell ringing?
> Your mother singing?

> The summer wind sighing?
> A sea gull crying?

> A happy song playing?
> Your own voice praying?

Sometimes we must listen very
hard to hear God speak to us.

We listen to God's word at Mass.
How do you try to listen well
to God's word?

What might you do to be
a better listener?

21

Escuchando la palabra de Dios

He aquí una canción de la Biblia.
Es un salmo.
Jesús, con frecuencia, escuchaba estas
palabras cuando tenía la edad de ustedes.

Alaben a Dios desde el cielo,
    alaben a Dios en las alturas.
Alaben al Señor, el cielo y la luna,
    alaben a Dios, estrellas del cielo.

Alaben al Señor, grandes ballenas,
    alábenle, todos los peces del mar.
Alaben a Dios, montañas y colinas,
    alaben a Dios, todos los animales,
    y aves que vuelan.

Alaben a Dios, todo los pueblos.
    ¡Alaben a Dios siempre!

Basado en el Salmo 148: 1, 3, 7, 9, 10, 13

Listening to God's Word

Here is a song from the Bible.
It is called a psalm.
Jesus often listened to these words
when He was your age.

Praise the Lord from the heavens,
    praise Him in the heights.
Praise the Lord, sun and moon,
    praise God, you shining stars.

Praise the Lord, great whales,
    praise Him, all fish of the sea.
Praise the Lord, all mountains and hills,
    praise God, all animals, all birds that fly.

Praise the Lord, all people everywhere!
    Praise God always!

Based on Psalm 148: 1, 3, 7, 9, 10, 13

¿Pueden imaginar cómo el sol y las estrellas
alaban a Dios?

Imaginen cómo las ballenas, los leones
y las águilas alaban a Dios.

¿Cómo podemos alabar a Dios?

Dibújate alabando a Dios.

Can you imagine how the sun and the stars
praise God?

Imagine how whales and lions and eagles
praise God!

How can we praise God?

Draw yourself in a picture praising Him.

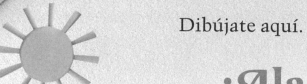

Dibújate aquí.   Draw your picture here.

¡Alaba siempre a Dios!

Praise God always!

 La palabra de Dios en la Misa

En la Misa escuchamos las lecturas de la Biblia.
Durante la Liturgia de la Palabra, la palabra
de Dios se lee de la Biblia.
Escuchamos y también rezamos un salmo.

Antes de leer el evangelio, nos unimos
a nuestra familia parroquial en una canción.
Cantamos: "Aleluya", para expresar lo feliz
que estamos de escuchar la buena nueva.
En el evangelio escuchamos la buena nueva
de Jesucristo, el Hijo de Dios.

Escuchamos al sacerdote o al diácono explicar
lo que la palabra de Dios significa para
nosotros. Esto es la homilía o sermón. Luego
todos juntos proclamamos nuestra fe católica
con el Credo.

Durante la Oración de los Fieles rezamos
por la Iglesia, nuestros líderes y el pueblo.
También rezamos en silencio por nuestras
necesidades.

Así termina la Liturgia de la Palabra,
la primera parte de la Misa.

God's Word at Mass

We listen to readings from the Bible at Mass. During the Liturgy of the Word, the word of God is read to us from the Bible. We listen and pray a psalm, too.

Before the gospel is read, we join with our parish family in song. We sing "Alleluia" to say how happy we are to listen to the good news. In the gospel we hear the good news of Jesus Christ, the Son of God.

We listen as the priest or deacon explains what God's word means for us. This is called the homily or sermon. Then all together we proclaim our Catholic faith in the Creed.

During the Prayer of the Faithful we pray for the Church, our leaders, and all people. We pray quietly for our own needs, too.

This ends the Liturgy of the Word, the first part of the Mass.

La Liturgia de la Palabra

Después de la primera y la segunda lecturas el lector dice:

Palabra de Dios.

Contestamos:

Te alabamos Señor.

Después de leer el evangelio, el diácono o el sacerdote dice:

Palabra del Señor.

Contestamos:

Gloria a ti, Señor Jesús.

Nos ponemos de pie para hacer nuestra profesión de fe. (Ver el Credo de Nicea en la página 101).

Después del Credo, hacemos la Oración de los Fieles. Generalmente después de esta oración decimos:

Señor, escucha nuestra oración.

The Liturgy of the Word

After the first and second reading, the lector says:
   The word of the Lord.
We answer:
   Thanks be to God.

After the gospel, the deacon or priest says:
   The gospel of the Lord.
We answer:
   Praise to you, Lord Jesus Christ.

We all stand to make our Profession of Faith.

After the Creed, we say the Prayer of the Faithful. We usually say after each prayer:
   Lord, hear our prayer.

Rezando y escuchando

¿Por qué o por quién te gustaría rezar en la Oración de los Fieles?
Escribe aquí tu oración.

Por _____

_____

Túrnense para leer sus oraciones en voz alta. Después cada uno conteste:

"Señor, escucha nuestra oración".

Recorta el corazón al final del libro. Escribe en él algo que harás para estar más atento en la Misa esta semana. Une tu corazón al de los demás niños con una cuerda. Levanten la cuerda de los corazones al tiempo que rezan.

✝ Jesús, danos un corazón dispuesto a escuchar.

Praying and Listening

What would you like to pray for at the Prayer of the Faithful?
Write your prayer here.

For _____

_____

Take turns reading your prayers aloud. After each one, answer together:

"Lord, hear our prayer."

Cut out the heart in the back of the book. Write on it one way you will be a better listener at Mass. Join your heart to all the others on a string. Hold the string of hearts up high as you pray.

✝ Jesus, give us all a listening heart.

Para la familia

Después de los Ritos Introductorios de la Misa, empezamos la Liturgia de la Palabra. La Iglesia nos enseña que Dios está con nosotros en forma especial en las Escrituras. La primera lectura es tomada del Antiguo Testamento (Durante el Tiempo de Pascua de Resurrección es tomada de los Hechos de los Apóstoles en el Nuevo Testamento). Esta lectura es seguida de un salmo, una respuesta a la palabra de Dios. La segunda lectura es tomada de las cartas del Nuevo Testamento. Luego nos ponemos de pie para la proclamación del evangelio, la buena nueva de Jesucristo. Respondemos afirmando nuestras creencias en el Credo y pidiendo la ayuda de Dios en la Oración de los Fieles.

1. El tema de este capítulo es escuchar. Repase la lección con su niño. Lea en voz alta el poema en la página 20 y el salmo en la página 22.

2. Ayude al niño a entender que algunas veces es difícil escuchar, especialmente cuando las palabras son difíciles. Exhorte al niño a escuchar las lecturas de la Misa esta semana. Luego hablen acerca de como aplicar, en sus vidas, lo que escucharon en la Liturgia de la Palabra.

3. Exhorte al niño a prometer escuchar bien en la Misa esta semana. Luego hagan la actividad **En la casa**.

En la casa

Haz un marcador de libros como el que mostramos aquí. Decóralo. Escribe estas palabras en él.

Alaba

siempre a

Dios.

Recuerda estas palabras y compártelas con otros. Lleva siempre tu marcador en tu libro de Primera Comunión.

Alaba
siempre a
Dios

3 Llevamos regalos

Miren las fotografías.
Muestran algunos de los regalos que Dios
nos ha dado. Hablen de ellos.

¿Qué creen que podemos decir a Dios
por todos sus regalos?

Una forma de dar gracias a Dios es
ofreciéndole un regalo. ¿Pueden pensar
en un regalo que podemos dar a Dios?

Hoy aprenderemos que en la Misa recibimos
y ofrecemos regalos. Empecemos escuchando
una historia que Jesús nos enseñó acerca
de los regalos de Dios.

Look at these pictures.
They show some of God's gifts
to us. Talk about them together.

What do you think we should say
to God for all these gifts?

One way to say thank You to
God is to give a gift in return.
Can you think of a gift you can
give to God?

We will learn today that we both
give and receive gifts at Mass.
Let's begin by listening to a story
Jesus told about God's gifts.

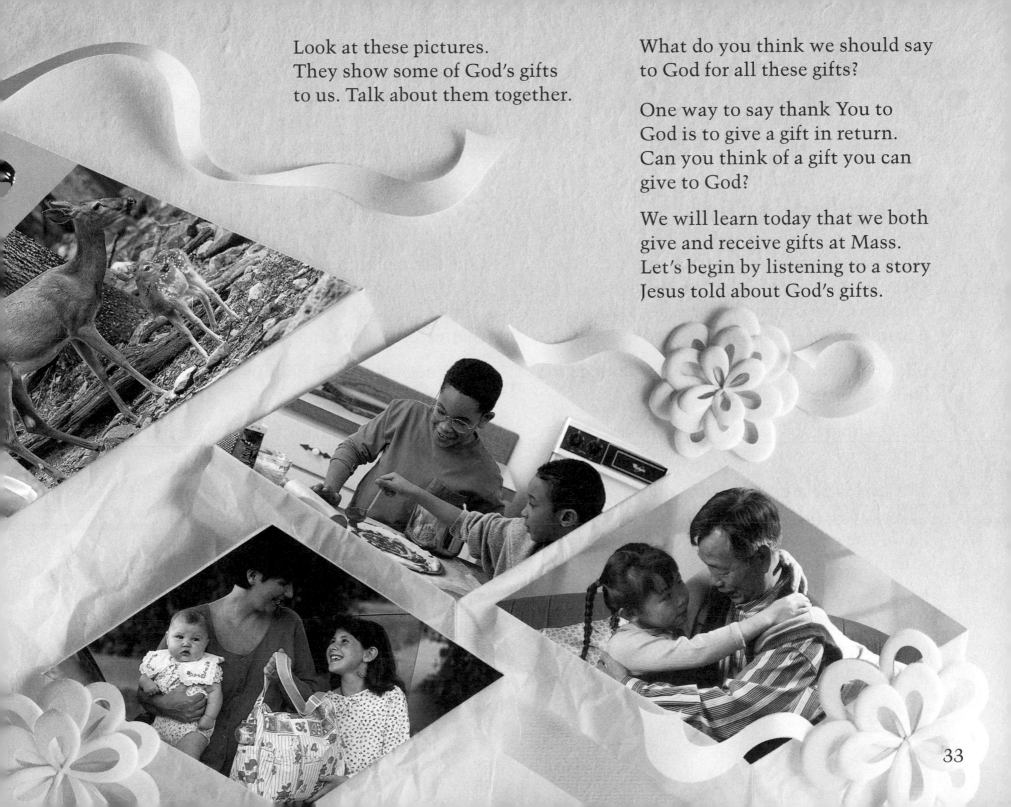

Regalos de Dios

Un día se reunió mucha gente para escuchar a Jesús. Jesús vio que algunos estaban cansados y preocupados por muchas cosas. Algunos de ellos eran pobres y no tenían ropa.

Ellos necesitaban escuchar que el amor de Dios cuida de todos.

Jesús señaló a los pájaros que volaban a su alrededor.

"Miren los pájaros del cielo", dijo Jesús: "Ellos no siembran ni cosechan. Y nuestro Padre que está en el cielo los cuida. ¿No valen ustedes más que muchos pajaritos?"

Luego les dijo: "Miren como las flores silvestres crecen. Ellas no se preocupan por la ropa que van a usar, y ni siquiera un rey se viste tan lindo como estas flores".

God's Gifts

One day many people had come to listen to Jesus. He saw that some of them were tired and worried about many things. Some of them were ragged and poor.

They needed to hear about God's love and care for them!

Jesus pointed to the birds that were flying around them.

"Look at the birds in the sky," Jesus said. "They don't plant or harvest. Yet your Father in heaven takes care of them. Aren't you worth more than many birds?"

Then He said, "Look how the wild flowers grow. They don't worry about what clothes to wear. Yet a king is not dressed as beautifully as these flowers are."

Jesús miró a la gente con amor. El dijo: "No se preocupen por lo que van a comer o a vestir. Si Dios viste a las flores y alimenta a los pájaros, cuanto más no hará por ustedes. Ustedes valen más que las flores y los pájaros".

Basado en Mateo 6:25–32

Dios nos ama y nos cuida. El quiere que nos amemos y nos preocupemos unos por otros.

El amor de Dios por nosotros es tan grande que nos regaló a Jesús.

Damos gracias a Dios, especialmente en la Misa, por el regalo de Jesús.

Jesus looked at the people with love. He said, "Don't worry about what to eat or what to wear. If God clothes the wild flowers and feeds the birds, how much more must He care for you! You are worth so much more than birds and flowers!"

Based on Matthew 6:25–32

God loves and cares for us, too. God wants us to love and care for one another.

God's love for us is so great that He gave us the gift of Jesus.

We thank God for the gift of Jesus, especially at Mass.

Ahora en silencio recen la siguiente oración como respuesta al mensaje de Jesús.

Now quietly pray the following prayer as your response to Jesus' message.

† Padre que estás en el cielo,
  sabes cuales son nuestras necesidades.
  Gracias por cuidar siempre de mí.

† Father in heaven,
  You know all that I need.
  Thank You for always caring for me.

Regalos de pan y vino

En la Misa llevamos regalos de pan y vino al altar. Nuestros regalos son cánticos de nosotros mismos. Es nuestra manera de decir: "Gracias Dios, por todo lo que nos das".

La palabra *Eucaristía* significa "acción de gracias".

El sacerdote pide a Dios que acepte los regalos de pan y vino y el regalo de nosotros mismos que ofrecemos.

Un sacrificio es una ofrenda a Dios de algo importante. Un sacrificio es un regalo de amor especial.

Jesús ofreció el mayor sacrificio de todos. El ofreció su vida por nosotros. El murió por nosotros en la cruz y resucitó para estar siempre con nosotros.

En la Misa, recordamos y celebramos la vida, muerte y resurrección de Jesús. Jesús se da a nosotros en la Sagrada Comunión.

¿Pueden aprender las respuestas de esta parte de la Misa?

Gifts of Bread and wine

At Mass we bring gifts of bread and wine to the altar. Our gifts are signs of ourselves. This is our way of saying, "Thank You, God, for all You have given us."

The word *Eucharist* means "giving thanks."

The priest asks God to accept the gifts of bread and wine and the gift of ourselves that we offer.

A sacrifice is an offering to God of something important. A sacrifice is a special gift of love.

Jesus offered the greatest sacrifice of all. He gave His life for us. He died for us on the cross and rose again to be with us always.

At Mass, we remember and celebrate Jesus' life, death, and resurrection. Jesus gives Himself to us in Holy Communion.

Can you learn the responses we make at this part of the Mass?

Preparación de las ofrendas

Llevamos nuestros regalos de pan y vino al altar.

El sacerdote alaba y da gracias a Dios por el regalo del pan.

Contestamos:

Bendito seas por siempre, Señor.

El sacerdote alaba y da gracias a Dios por el regalo del vino.

Contestamos:

Bendito seas por siempre, Señor.

El sacerdote entonces pide para que nuestros regalos de pan y vino sean aceptados por Dios Padre.

Contestamos:

El Señor, reciba de tus manos
    este sacrificio,
para alabanza y gloria de su nombre,
para nuestro bien y el de toda su santa
    Iglesia.

40

The Preparation of the Gifts

We bring our gifts of bread and wine to the altar.

The priest praises and thanks God for the gift of bread.

We answer:
> Blessed be God for ever.

Then the priest thanks God for the gift of wine.

We answer:
> Blessed be God for ever.

The priest then prays that we, with our gifts of bread and wine, will be acceptable to God the Father.

We answer:
> May the Lord accept the sacrifice
>   at your hands
> for the praise and glory of his name,
> for our good, and the good of all his
>   Church.

Regalos de amor

¿Cuál es el mayor regalo que recibimos en la Misa?

¿Qué contestamos cuando el sacerdote alaba y da gracias a Dios por los regalos de pan y vino?

Busquen la respuesta. Con un lápiz de color llenen los espacios donde encuentren una "X". Luego con otros colores terminen de colorear la ventana.

Elige un acto de amor que harás por alguien esta semana. Ofrécelo a Dios en la Misa del domingo.

Gifts of Love

What is the greatest gift we receive at Mass?

What do we answer when the priest praises and thanks God for the gifts of bread and wine?

Find the answer. Use one color to fill in the spaces with an "X." Then use other colors to complete the stained-glass window.

Choose an act of love you will do for someone. Offer it to God at Mass this Sunday.

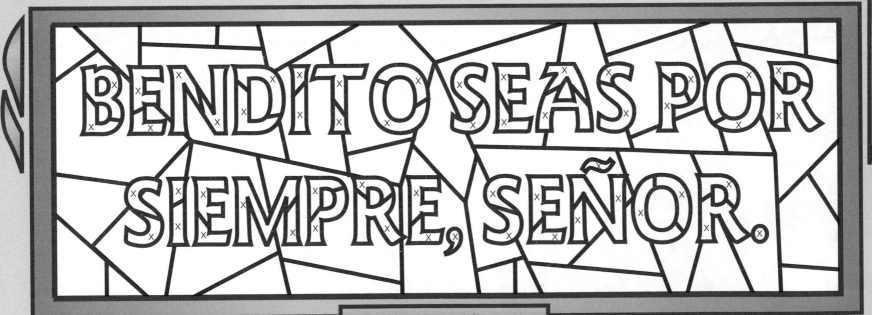

Blessed be God forever.

A todos los niños les gusta recibir regalos. Quizás su niño ha experimentado también lo bueno que es regalar. Hable con su niño sobre los regalos que podemos dar a otros para mostrar nuestro amor. Esto le ayudará a entender el significado del sacrificio.

Al inicio de la Liturgia de la Eucaristía preparamos regalos de pan y vino para Dios. También regalamos para mantener nuestra parroquia y para ayudar a los pobres. Llevamos nuestros regalos al altar como signos de nosotros mismos.

1. Lea el capítulo con el niño. Hablen de los diferentes regalos que recibimos y damos. Luego invite al niño a contarle la historia bíblica.

2. Pregunte al niño que es un *sacrificio*. Pregúntele que gran sacrificio Jesús hizo por nosotros. Ayude al niño a entender que nosotros también nos podemos ofrecer a Dios haciendo pequeñas cosas todos los días.

3. Repase las respuestas que damos durante la preparación de las ofrendas en la Misa.

4. Pida al niño compartir con usted las actividades en la página 42. Recen la oración. Luego hagan la actividad **En la casa**.

En la casa

Invita a todos los miembros de la familia a mostrar amor y preocupación unos por los otros haciendo un pequeño regalo para ellos esta semana.

Dibuja una nube y un arco iris. Recórtalos y escribe en la nube: **Nuestros regalos a Dios**.

Hacer los mandados a la Sra. Pérez

LAVAR EL CARRO A JUAN

Ayudar a mamá a lavar

Enviar una carta al abuelo

Nuestros regalos a Dios

Por cada color del arco iris, pide a un miembro de la familia escribir una forma en la que ayudará a otro. Cuelga el arco iris en un lugar donde todos lo vean para que recuerden las promesas hechas.

Recordamos

Cuando las personas que queremos
están lejos, ¿cómo las recordamos?

Miren las fotografías. Elijan una forma
en que recuerden a las personas.
Hablen acerca de ello con sus
amigos.

Si quieres que alguien te recuerde
siempre, ¿qué harías?

Jesús quiere que siempre le recordemos.
Por eso hizo algo maravilloso.
¿Qué crees que hizo él?

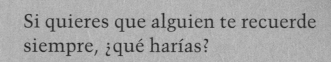

When people you love are far away,
how do you remember them?

Look at the pictures. Pick some
ways you remember people. Talk
about them with your friends.

If you wanted someone to remember
you always, what would you do?

Jesus wants us to remember Him always.
So He did something wonderful.
What do you think He did?

Hagan esto en memoria mía

Esto es lo que Jesús hizo por nosotros la noche antes de morir.

Jesús se reunió con sus amigos para una comida especial.

Basado en Lucas 22:19–20

Jesús tomó el pan y dio gracias a Dios. Luego partió el pan y lo dio a sus amigos diciendo: "Tomad y comed todos de él, porque esto es mi Cuerpo, que será entregado por vosotros".

Terminada la comida, Jesús tomó una copa de vino. Dio gracias a Dios y la dio a sus amigos diciendo: "Tomad y bebed todos de él, porque este es el cáliz de mi Sangre, Sangre de la alianza nueva y eterna que será derramada por vosotros y por todos los hombres para el perdón de los pecados. Haced esto en conmemoración mía".

Do This in Memory of Me

This is what Jesus did on the night before He died for us.

Jesus gathered His friends around Him for a special meal.

Based on Luke 22:19–20

Jesus took bread and gave thanks to God. He then broke the bread and gave it to His friends, saying, "Take this, all of you, and eat it: this is my body which will be given up for you."

When the meal was over, Jesus took a cup of wine. He gave thanks to God and handed the cup to each of His friends, saying, "Take this, all of you, and drink from it: this is the cup of my blood, the blood of the new and everlasting covenant. It will be shed for you and for all so that sins may be forgiven. Do this in memory of Me."

Jesús quiere que siempre le recordemos.
El quiere que recordemos que él nos ama.
Especialmente quiere que recordemos lo que
hizo por nosotros al morir en la cruz.

En todas las misas recordamos la Ultima Cena
y el regalo de sí mismo que Jesús nos dio.
También recordamos y participamos de su
muerte y resurrección.
Damos gracias a Dios porque Jesús está
siempre con nosotros en la Eucaristía.

¿Cómo quiere Jesús que le recordemos?
Mira el dibujo en la página 49 y en silencio
agradece a Dios el regalo de Jesús.

Jesus wants us to remember Him
always. He wants us to remember His
love for us. He wants us to remember
especially what He did for us when He died
on the cross.

At every Mass we remember the Last
Supper and the gift of Himself that
Jesus gave to us.
We also remember and enter into His
death and resurrection.
We thank God that Jesus is with us always
in the Eucharist.

How does Jesus want us to remember Him?
Look at the picture on page 49 as you quietly
thank God for the gift of Jesus.

Jesús está siempre con nosotros.

Jesus is with us always.

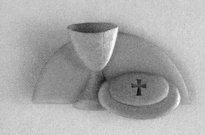

Hacemos la Oración Eucarística

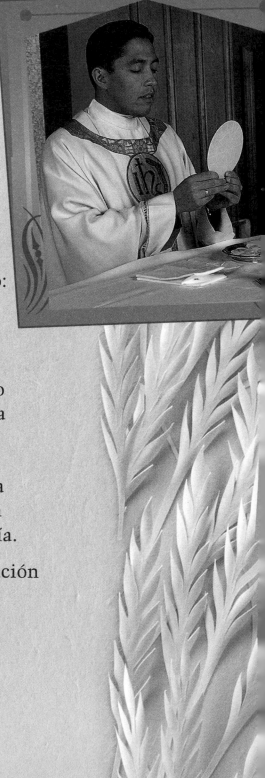

En la Misa Jesús hace por nosotros lo que hizo en la última Cena. Esto lo hace por medio de las palabras y acciones del sacerdote quien ofrece nuestras ofrendas de pan y vino a Dios. El dice y hace lo que Jesús hizo y dijo en la última Cena.

Por el poder del Espíritu Santo y las palabras y acciones del sacerdote, el pan y el vino se convierten en Jesús mismo. Esto es llamado la consagración de la Misa. Lo que vemos parece pan y sabe a pan, pero no lo es. Lo que parece vino y sabe a vino, ya no es vino. El pan y el vino se han convertido en el Cuerpo y la Sangre de Cristo.

Proclamamos nuestra fe cantando:
Anunciamos tu muerte,
proclamamos tu resurrección.
¡Ven, Señor Jesús!

Damos gracias a Dios por el regalo de Jesús en la Eucaristía. Recuerda que la palabra *Eucaristía* significa "acción de gracias". Decimos o cantamos "¡Amén!" Esto significa "sí, creo". Creemos que Jesús está realmente presente en la Eucaristía.

Así es como nos unimos en la Oración Eucarística.

We Pray the Eucharistic Prayer

At Mass Jesus once again does for us what He did at the Last Supper. He does this through the words and actions of the priest who offers our gifts of bread and wine to God. The priest says and does what Jesus did at the Last Supper.

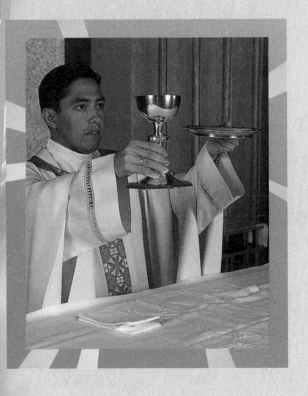

By the power of the Holy Spirit and the words and actions of the priest, the bread and wine become Jesus Himself. This is called the consecration of the Mass. What looks like bread and tastes like bread is not bread anymore. What looks like wine and tastes like wine is not wine anymore. The bread and wine have become the Body and Blood of Christ.

We proclaim our faith, singing:
    Christ has died,
    Christ is risen,
    Christ will come again.

We give thanks to God for the gift of Jesus in the Eucharist. Remember, the word *Eucharist* means "giving thanks." We say or sing "Amen!" This means "yes, I believe." We believe Jesus is really present in the Eucharist.

This is how we can join in the Eucharistic Prayer.

51

La Oración Eucarística

Sacerdote: El Señor esté con vosotros (ustedes).
Todos: Y con tu espíritu.

Sacerdote: Levantemos el corazón.
Todos: Lo tenemos levantado hacia el Señor.

Sacerdote: Demos gracias al Señor, nuestro Dios.
Todos: Es justo y necesario.

Decimos con el Sacerdote:
Santo, Santo, Santo es el Señor,
Dios del Universo.
Llenos están el cielo y la tierra de tu gloria.
Hosanna en el cielo.
Bendito el que viene en nombre del Señor.
Hosanna en el cielo.

Proclamamos nuestra fe:
Anunciamos tu muerte,
proclamamos tu resurrección.
¡Ven, Señor, Jesús!

Sacerdote:
Por Cristo,
con él y en él,
a ti, Dios Padre omnipotente,
en unidad del Espíritu Santo,
todo honor y toda gloria,
por los siglos
de los siglos.

Todos: Amén.

The Eucharistic Prayer

Priest: The Lord be with you.
All: And also with you.

Priest: Lift up your hearts.
All: We lift them up to the Lord.

Priest: Let us give thanks to the Lord our God.
All: It is right to give him thanks and praise.

We pray with the priest:
Holy, holy, holy Lord, God of power and might,
heaven and earth are full of your glory.
Hosanna in the highest.
Blessed is he who comes in the name of the Lord.
Hosanna in the highest.

We proclaim our faith:
Christ has died,
Christ is risen,
Christ will come again.

Priest:
Through him,
with him,
in him,
in the unity of the Holy Spirit,
all glory and honor is yours,
almighty Father,
for ever and ever.

All: Amen.

53

ecordamos

Cuéntale a un compañero la historia de la Ultima Cena.

Ahora decoren y recen esta oración.

We Remember

Tell a partner the story of the Last Supper.

Now decorate and pray this prayer.

JESUS

Yo, _____,
         (nombre)

te doy gracias por estar con nosotros en la Misa. Ayúdame a amar a los demás como tú lo hiciste.

I, _____,
       (name)

thank You for being with us at Mass. Help me to love others as You did.

Para la familia

Empiece esta importante lección recordando al niño la forma en que los miembros de la familia se preocupan unos por otros. Mencione algo especial que el niño ha hecho por alguien esta semana.

El Concilio Vaticano Segundo nos recuerda que la Eucaristía es "la fuente y la cumbre de nuestra fe". Es lo más importante que hacemos como comunidad católica. La celebración de la Eucaristía es nuestra mayor oración de acción de gracias a Dios. En esta celebración hacemos lo que Jesús nos pidió hacer: recordamos y entramos en su muerte salvadora y en su resurrección. Por medio de la Eucaristía tomamos parte en el sacrificio de Cristo.

Su reverencia por la Eucaristía y su fiel participación en la Misa cada semana es un poderoso ejemplo para que su hijo aumente su amor por la Eucaristía.

I. Repasen juntos la lección. Dé tiempo al niño para hablar de regalos. Luego lea la historia de la Ultima Cena en la Biblia.

2. Ayude al niño a entender que cuando recibimos a Jesús en la Sagrada Comunión nuestro "Amén" significa que creemos que Jesús está realmente presente.

3. Hagan juntos la actividad **En la casa**.

En la casa

Prepara tarjetas con los nombres de tus familiares, para colocarlas en la mesa. Si quieres puedes escribir un mensaje especial dentro de las tarjetas.

Antes de la comida invita a los familiares a acompañarte con una acción de gracias.

† **Querido Dios:**
Bendice estos alimentos que vamos a compartir.
Gracias por todos tus regalos. Amén.

5 Recibimos a Jesús

Los discípulos, con frecuencia, veían a Jesús orar al Padre. Ellos querían orar como Jesús. Así que un día le pidieron que les enseñara a orar. Jesús les enseñó la hermosa oración que llamamos Padrenuestro.

Basado en Lucas 11:1–4

Cuando rezamos el Padrenuestro decimos:

Padre nuestro, que estás en el cielo,
santificado sea tu nombre;
venga a nosotros tu reino;
hágase tu voluntad; así en la tierra
como en el cielo.
Danos hoy nuestro pan de cada día;
perdona nuestras ofensas
como también nosotros perdonamos
a los que nos ofenden;
no nos dejes caer en la tentación,
y líbranos del mal.

The disciples often watched Jesus
as He prayed to His Father. They
wanted to be able to pray like Jesus.
So one day they asked Him,
to teach them to pray. Jesus taught
them the beautiful prayer we call the
Our Father.

Based on Luke 11:1–4

When we pray the Our Father, we say,

Our Father, who art in heaven,
hallowed be thy name;
thy kingdom come;
thy will be done on earth
as it is in heaven.
Give us this day our daily bread;
and forgive us our trespasses
as we forgive those
who trespass against us;
and lead us not into temptation,
but deliver us from evil.

57

La Comunión de la Misa

Rezamos el Padre Nuestro para empezar el momento de la Comunión de la Misa.

Antes de recibir a Jesús en la Sagrada Comunión, pedimos a Dios nos perdone como hemos perdonado a los demás.

Nos preparamos para recibir a Jesús cuando tratamos de perdonar y ser personas de paz.

Para recordar esto, nos dirigimos a los que están a nuestro alrededor para darles la señal de la paz de Cristo. Hacemos esto para mostrar que realmente estamos tratando de ser pacificadores como Jesús.

El sacerdote toma la hostia y la parte. Hace eso para mostrar que todos compartimos el Pan de Vida cuando recibimos a Jesús en la Sagrada Comunión.

The Communion of the Mass

We pray the Our Father to begin the Communion time of the Mass.

Before we receive Jesus in Holy Communion, we ask God to forgive us as we forgive others.

We prepare to receive Jesus when we try to be forgiving and peaceful people.

To remind us of this, we turn to those around us and give them a sign of Christ's own peace. This shows that we really will try to be peacemakers like Jesus.

The priest takes the host and breaks it. He does this to show that all of us share in the one Bread of Life when we receive Jesus in Holy Communion.

Rezamos a Jesús, el Cordero de Dios,
pidiéndole perdón por nuestros pecados
y que nos dé paz.

Después el sacerdote sostiene la hostia.
Rezamos:
"Señor, no soy digno de que entres en
    mi casa, pero una palabra tuya bastará
        para sanarme".

Preparándonos para comulgar

Para mostrar amor y respeto por Jesús,
los católicos ayunamos antes de recibir la
Sagrada Comunión. Esto quiere decir que
no comemos ni bebemos nada una hora
antes de comulgar. Sin embargo, podemos
tomar agua o medicina.

We pray together to Jesus, the Lamb of God, asking Him to forgive our sins and to give us peace.

Then the priest holds up the host.
We pray together:
"Lord, I am not worthy to receive you,
   but only say the word and I shall
    be healed."

Preparing for Communion

To show respect and love for Jesus, Catholics fast before receiving Holy Communion. This means that we do not eat or drink anything for one hour before Communion time. However, we can take water and medicine.

61

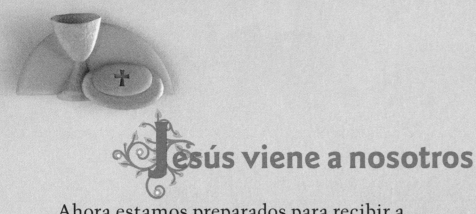

Jesús viene a nosotros

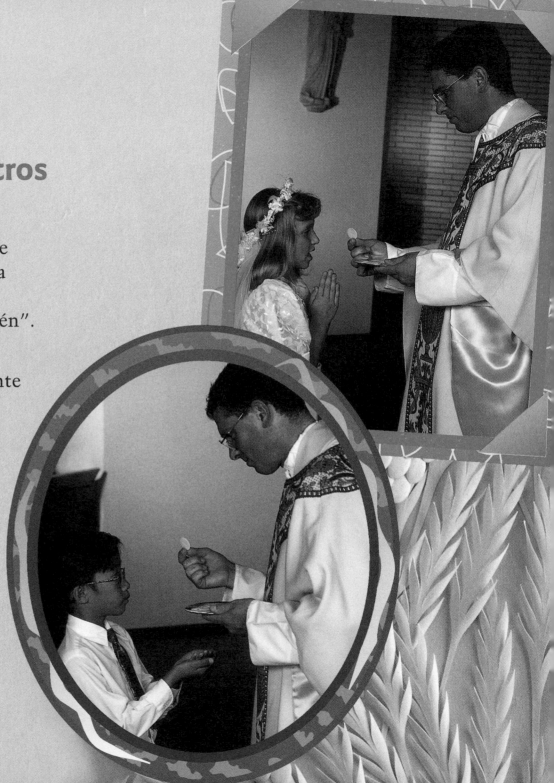

Ahora estamos preparados para recibir a Jesús en la Sagrada Comunión. El sacerdote o el ministro eucarístico nos pone la hostia en la mano o en la boca diciendo: "El cuerpo de Cristo". Contestamos: "Amén".

Recuerda, la palabra *Amén* significa "sí, creo". Creemos que Jesús está realmente presente en la Eucaristía.

Si vamos a recibir del cáliz, el ministro nos dice: "La sangre de Cristo". De nuevo respondemos: "Amén".

Después de recibir a Jesús, cantamos una canción de acción de gracias. Luego en silencio hablamos con Jesús. Le damos gracias por haber venido a nosotros. Le pedimos nos ayude a vivir como sus amigos. Pedimos a Jesús que cuide de nuestra familia, nuestros amigos y todos los que están en necesidad.

Jesus Comes to Us

We are now ready to receive Jesus in Holy Communion. The priest or eucharistic minister places the Host in our hand or on our tongue, saying, "The body of Christ." We answer "Amen."

Remember, the word *Amen* means "yes, I believe." We believe that Jesus is really present in the Eucharist.

If we are to receive from the cup, the minister says, "The blood of Christ." Again we answer "Amen."

After receiving Jesus, we sing a thanksgiving song together. Then we spend quiet time talking to Jesus. We thank Him for coming to us. We ask Him to help us to live as His friends. We ask Jesus to take care of our families, our friends, and everyone in need.

La Comunión de la Misa

Juntos con el sacerdote rezamos el Padre Nuestro. Luego el sacerdote dice:

Sacerdote: Líbranos de todos los males, Señor, y concédenos la paz en nuestros días, para que, ayudados por tu misericordia, vivamos siempre libres de pecado y protegidos de toda perturbación, mientras esperamos la gloriosa venida de nuestro Salvador Jesucristo.

Todos: Tuyo es el reino, tuyo el poder y la gloria, por siempre, Señor.

Sacerdote: La paz del Señor esté siempre con vosotros (ustedes).

Todos: Y con tu espíritu.

Nos damos la señal de la paz de Cristo.

Todos: Cordero de Dios, que quitas el pecado del mundo, ten piedad de nosotros. (2 veces) Cordero de Dios, que quitas el pecado del mundo, danos la paz.

Todos: Señor, no soy digno de que entres en mi casa, pero una palabra tuya bastará para sanarme.

Ahora estamos listos para recibir la Sagrada Comunión.

Sacerdote o Ministro: El Cuerpo de Cristo.

Contestamos: Amén.

Sacerdote o Ministro: La Sangre de Cristo.

Contestamos: Amén.

The Communion of the Mass

Together with the priest we pray the Our Father. Then the priest says,

Priest: Deliver us, Lord, from every evil, and grant us peace in our day. In your mercy keep us free from sin and protect us from all anxiety as we wait in joyful hope for the coming of our Savior, Jesus Christ.

All: For the kingdom, the power and the glory are yours, now and for ever.

Priest: The peace of the Lord be with you always.

All: And also with you.

We give a sign of Christ's peace to those around us.

All: Lamb of God, you take away the sins of the world: have mercy on us. (2 times) Lamb of God, you take away the sins of the world: grant us peace.

All: Lord, I am not worthy to receive you, but only say the word and I shall be healed.

Now we are ready to receive Jesus in Holy Communion.

Priest or minister: The body of Christ.

We answer: Amen.

Priest or minister: The blood of Christ.

We answer: Amen.

Jesús está realmente presente

Explica por qué contestas "Amén" cuando recibes a Jesús en la Sagrada Comunión.

¿Qué dirás a Jesús cuando lo recibas en la Sagrada Comunión?

Para que recuerdes rezar cuando recibas a Jesús. Completa esta oración. Compártela con otros. Luego canten Amén.

Jesus Is Really Present

Explain why you answer "Amen" when you receive Jesus in Holy Communion.

What will you say to Jesus when you receive Him in Holy Communion?

To help you remember to pray when you receive Jesus, finish this Communion prayer. Share your prayer with others. Then sing together an Amen.

Mi Oración de Comunión

Bienvenido, Jesús, bienvenido.

_____

_____

_____

_____

Amén.

My Communion Prayer

Welcome, Jesus, welcome.

Amen.

Muy pronto su niño recibirá a Jesús en la Sagrada Comunión. Trate de crear con anticipación una atmósfera de oración en la familia. Con gentileza dirija al niño a pensar con frecuencia en el gozo de recibir a Jesús, en vez de en los regalos que va a recibir.

1. Pida al niño decirle la forma en que Jesús enseñó a orar a sus discípulos. Puntualice que rezamos el Padre Nuestro antes de recibir la Sagrada Comunión. Pida al niño le explique lo que significa decir "perdona nuestras ofensas como también nosotros perdonamos a los que nos ofenden".

2. Hablen sobre el saludo de la paz que compartimos antes de recibir a Cristo. ¿Cómo podemos ser gente que da paz? Luego repasen las respuestas que damos en la Comunión en la Misa.

3. Practique con el niño como recibir la hostia. Hágalo despacio, con calma para que en niño no se ponga nervioso. Si el niño va a recibir de la copa, también practíquelo.

4. Ayude al niño a pensar sobre lo que hará después que reciba a Jesús. Pregunte: "¿Qué vas a decir a Jesús? ¿Por qué rezarás?"

5. Luego hagan la actividad **En la casa**.

En la casa

Haz una caja de memorias de mi Primera Comunión. Usa una caja de zapatos (o una de tamaño similar). Decórala y escribe en la tapa "Memorias de mi Primera Comunión".

Haz una lista de lo que pondrás dentro de tu caja. Puede que quiera escribir una carta o grabar una cinta sobre el día de tu Primera Comunión.

fotografías _____ _____

tarjetas de oración _____ _____

Memorias de mi Primera Comunión

Como recibir la Comunión

Así es como recibimos el Cuerpo de Cristo.

- ✤ Prepara tu corazón para dar la bienvenida a Jesús.

- ✤ Camina hacia el altar con las manos juntas.

- ✤ Puedes recibir la hostia en la mano. Cuando llegue tu turno, con las palmas hacia arriba coloca tu mano derecha debajo de la izquierda (o lo opuesto si eres zurdo).

- ✤ Cuando escuches las palabras, "el cuerpo de Cristo", contesta "Amén".

- ✤ Cuando la hostia es puesta en tu mano con cuidado ponla en la boca y regresa a tu lugar.

- ✤ Puedes recibir la hostia en la boca. Después de contestar "Amén", con las manos juntas levanta la cabeza y saca un poco la lengua. Después que la hostia es colocada en tu lengua, regresa a tu lugar. Traga la hostia.

How to Receive Communion

This is how we receive the Body of Christ.

✢ Prepare your heart to welcome Jesus.

✢ Walk to the altar with hands joined.

✢ You can choose to receive the Host in your hand. As your turn comes, cup your left hand on top of your right hand (or the opposite if you are left-handed).

✢ When you hear the words "The body of Christ," answer "Amen."

✢ After the Host is placed in your hand, carefully place it in your mouth. Then return to your seat.

✢ You can choose to receive the Host on your tongue. After you answer "Amen," hold your head up and gently put out your tongue. After the Host is placed on your tongue, return to your seat. Swallow the Host.

Así es como recibimos la Sangre de Cristo.

✤ Si vas a recibir del cáliz, traga la hostia y dirígete hacia el ministro con el cáliz.

✤ Cuando escuches las palabras "la sangre de Cristo", contesta "Amén".

✤ Luego bebe un trago de la copa.

✤ Regresa a tu lugar.

Después de recibir la Comunión

✤ Canta la canción de la Comunión con toda la familia parroquial.

✤ Pasa un tiempo con Jesús. Dile por lo que estás agradecido. Luego háblale sobre cualquier cosa que haya en tu corazón. Pídele te ayude a vivir como su amigo.

This is how we receive the Blood of Christ.

✤ If you are to receive from the cup, swallow the Host and move to the minister holding the cup.

✤ When you hear the words "The blood of Christ," answer "Amen."

✤ Then take a sip from the cup.

✤ Return to your seat.

After Receiving Communion

✤ Sing the Communion song with your parish family.

✤ Spend time just with Jesus. Tell Him the things for which you want to thank Him. Then talk to Him about whatever is in your heart. Ask Him to help you live as His friend.

Muy pronto recibirán a Jesús en la Sagrada Comunión. ¡Qué día feliz será ese! La felicidad es algo que necesitamos compartir. ¿Cómo pueden compartir la felicidad de que Jesús va a venir a ustedes?

¿Qué puedes hacer por . . .
+ tu familia?
+ algún enfermo?
+ alguien que está triste?

La Iglesia nos enseña que los católicos debemos comulgar por lo menos una vez al año. Debemos tratar de comulgar cada vez que vamos a misa. ¡Qué hermoso es que podemos hacer eso!

Vamos a reunirnos en un círculo de oración. Túrnense para ir al centro. Cada uno diga: "Puedo compartir mi felicidad

_____".

72

Soon you will receive Jesus in Holy Communion.
What a happy day that will be! Happiness is
something that we need to share.
How can you share your happiness?

What can you do for. . .
- ❖ your family?
- ❖ someone who is sick?
- ❖ someone who is sad?

The Church teaches us that Catholics must
receive Holy Communion at least once a year.
But we should try to receive Jesus every time
we go to Mass. How wonderful
it is that we can do this!

Let's gather in a prayer circle.
Take turns coming to the center.
Say, "I can share my happiness by

_____."

Eres luz

Un día Jesús dijo a sus discípulos:

"Ustedes son la luz del mundo.
No se enciende una lámpara para
ponerla debajo de una canasta.
Se pone en una mesa para que
todos en la casa la puedan ver.
Dejen que su luz
brille para que todos
puedan ver la luz
que hay dentro de ustedes
y vean las cosas buenas que hacen.
Luego glorificarán a
Dios en los cielos".

Basado en Mateo 5:14–16

Jesús quiere que seamos luces brillantes.

You Are Light

One day Jesus said to His disciples,

"You are the light of the world.
People do not light a lamp
and then put it under a basket.
No, they put it on a table
so that everyone in the house can see.
You must let your light
shine before everyone
so that all will see
the light within you
and the good that you do.
Then they will praise your
Father in heaven."

Based on Matthew 5:14–16

Jesus wants us to be like shining lights.

Somos luces cuando...
- ✤ decimos y hacemos cosas buenas,
- ✤ somos amables con los demás,
- ✤ amamos a Dios y a los otros como amó Jesús,
- ✤ somos justos y ayudamos a hacer paz.

Todo el que nos vea sabrá que Dios está con nosotros. Ellos serán felices y alabarán a Dios.

En la Sagrada Comunión Jesús nos ayuda a ser como luz que muestra el amor de Dios.

Cuando recibas a Jesús, pídele que esté siempre contigo para que puedas mostrar el amor de Dios a todos.

We are lights when we . . .
- ✤ do and say good things,
- ✤ show kindness to people,
- ✤ love God and others as Jesus did,
- ✤ are fair and help to make peace.

Everyone who sees us will know that God is with us. They will be happy and praise God.

In Holy Communion Jesus helps us to be like a light that shows God's love.

When you receive Jesus, ask Him to be with you always so that you can show God's love to everyone.

Haz un dibujo en el que muestres como puedes compartir la luz de Jesús con otros.

Draw a picture showing how you can share Jesus' light with someone.

Eres luz

You Are Light

Pueden ir en paz

Cuando se acerca el fin de la Misa,
el sacerdote nos bendice. Hacemos la señal
de la cruz y contestamos: "Amén".

La señal de la cruz nos recuerda que por el
Bautismo somos miembros de la Iglesia de
Dios y discípulos de Jesucristo. Como
amigos de Jesús hacemos su trabajo de amor
y servicio.

Después somos enviados a vivir la Eucaristía
celebrada. El sacerdote o el diácono dice:
"Podéis ir en paz".

Contestamos: "Demos gracias a Dios".

Ahora vamos a vivir la Misa amando y
ayudando a los demás.

We Go in Peace

As Mass ends, the priest blesses us. We make the sign of the cross and answer "Amen."

The sign of the cross reminds us that through Baptism we are members of God's Church and are disciples of Jesus Christ. As His friends, we carry on Jesus' work of love and service.

Then we are sent forth to live the Eucharist we have celebrated. The priest or deacon says, "Go in peace to love and serve the Lord."

We answer, "Thanks be to God."

Now we are to go forth and live the Mass by loving and helping others.

Final de la Misa

El sacerdote dice:

El Señor esté con vosotros (ustedes).

Contestamos:

Y con tu espíritu.

El sacerdote dice:

La bendición de Dios todopoderoso
Padre, Hijo ✝ y Espíritu Santo,
descienda sobre vosotros.

Contestamos:

Amén.

**El sacerdote o el diácono dice la
siguiente frase:**

✣ Podéis ir en paz.

Contestamos:

Demos gracias a Dios.

Cantamos todos la canción final.

The Mass Ends

The priest prays:
The Lord be with you.

We answer:
And also with you.

The priest prays:
May almighty God bless you,
the Father, and the Son, †
and the Holy Spirit.

We answer:
Amen.

The priest or deacon says one of the following:

✤ Go in peace to love and serve the Lord.

✤ Go in the peace of Christ.

✤ The Mass is ended, go in peace.

We answer:
Thanks be to God.

We sing together a closing hymn.

Deja que tu luz brille

Para que recuerden ir en paz a amar y a servir a otros, corten la linterna que está al final de su libro. Escriban su nombre en ella. Decidan y compartan como tratarán de ser "luz" para otros esta semana.

Ahora reunidos en el círculo de oración. Levanten la linterna y recen:

† Jesús, ayúdanos a dejar que tu luz brille en nosotros para ser personas que amen y sirvan.

Junto con tus compañeros, cuelga tu linterna en la pizarra. Cuando veas las liternas recuerda dejar que tu luz brille para otros.

Let Your Light Shine

As a reminder to go in peace to love and serve others, cut out the lantern in the back of your book. Write your name on it. Decide and share how you will try to be a "light" to others this week.

Now gather again in your prayer circle. Hold your lanterns up and pray together:

† Jesus, help us to let Your light shine in us by being people who love and serve.

With your friends, hang your lantern on the bulletin board. When you see the lanterns, remember to let your light shine for others.

Para la familia

Su niño se está preparando para recibir a Jesús en la Sagrada Comunión. Usted y su niño han trabajado fuerte durante esta preparación. Usted también ha compartido el significado de la Misa y preparado tanto su corazón, como el de su hijo para este hermoso momento en la vida de un niño.

1. Repasen el capítulo. Hablen de lo que significa ser "luz". Encienda una lámpara en un cuarto oscuro, luego cúbrala con una caja. Pregunte al niño: "¿Qué pasa a la lámpara?" Ayude al niño a ver que Jesús quiere que lo mostremos a otros por medio de lo que decimos y hacemos. Es por eso que al final de la Misa se nos dice: "Pueden ir en paz".

2. Revisen las respuestas del Rito de Conclusión de la Misa. Pida al niño le diga como tratará de ser una "luz" amando y sirviendo a otros. Luego hagan la actividad **En la casa**.

3. Ayude al niño a cortar la cruz al final del libro. Ponga un hilo en el tope de forma tal que pueda ponerlo en el cuello del niño. Pida al niño escribir su nombre en ella y que la lleve al **Rito de Conclusión** (páginas 84–85).

En la casa

Haz un móvil "domingos con Jesús". Esto te ayudará a recordar todo lo que has aprendido mientras te preparabas para recibir la Primera Comunión.

Usa un gancho de ropa como base. Corta un sol y escribe las palabras "domingos con Jesús". Luego dibuja y corta otros símbolos que te ayuden a recordar el regalo de Jesús mismo a nosotros. Añade tus propias ideas.

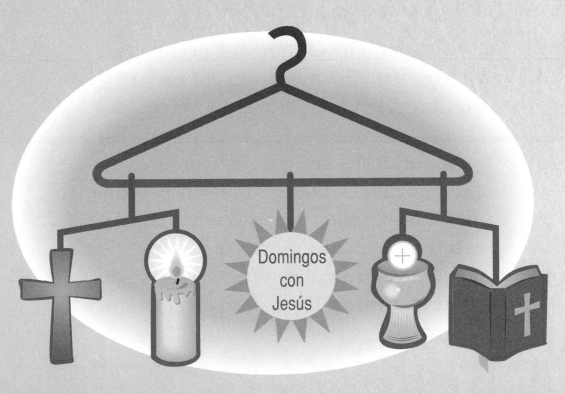

Rito de Conclusión

Tomen la cruz que recortaron al final del libro y caminen hacia el altar junto a sus padres o tutores.

Guía: Apreciados niños, han recibido a nuestro Señor Jesucristo en la Sagrada Comunión. Que él esté con ustedes siempre.

Todos: Y con tu espíritu.

Guía: Recuerden siempre que pertenecen a Jesucristo. Están bautizados en su nombre. Han recibido su cuerpo y sangre para que los fortalezca y puedan vivir como sus amigos. Esto quiere decir que en la comunión Jesús perdona nuestros pecados veniales y nos ayuda a evitar los pecados mortales. Como recuerdo de su vida en Jesucristo, sus padres o tutores les podrán en el cuello la cruz.

Padres (al tiempo que ponen la cruz al niño digan)**:**

_____(Nombre)_____ , pongo esta cruz en tu cuello para que recuerdes que Jesús, a quien has recibido en la Eucaristía, estará siempre contigo. El te ayudará a vivir como su amigo.

Niños: Amén, Jesús, prometemos venir a ti con frecuencia en la Sagrada Comunión.

Guía: Toda la Iglesia, especialmente nuestra parroquia, se alegra con ustedes. Cuando oigan su nombre, pasen a recoger su certificado de Primera Comunión.

Guía: Recuerden que Jesús estará con ustedes mientras van a amar y a servir a otros en su nombre. Vámonos en paz cantando.

Canción del testigo

♫ Por ti, mi Dios, cantando voy
la alegría de ser tu testigo,
    Señor.
Es fuego tu palabra que mi boca
    quemó,
mis labios ya son llamas y
    ceniza mi voz.
Da miedo proclamarte pero Tú
    me dices:
no temas, contigo estoy. ♫

A Sending Forth Rite

Hold the cross that you have cut out from the back of the book. Walk to the altar with your parent or guardian.

Leader: Dear children, you have received our Lord Jesus Christ in Holy Communion. May He be with you always.

All: And also with you.

Leader: Remember always that you belong to Jesus Christ. You are baptized in His name. You have now received His Body and Blood to nourish and strengthen you to live as His friends. This means that in Holy Communion Jesus forgives your venial sins and helps you to keep away from mortal sin. As a reminder of your life in Jesus Christ, your parent or guardian will place the cross around your neck.

Parent (Places the cross around the child's neck, saying):

_____, I place this cross
          (Name)
around your neck as a reminder that Jesus, whom you have received in the Eucharist, will be with you always. He will help you to live as His friend.

Children: Amen. Jesus, we promise to come to You often in Holy Communion.

Leader: The whole Church, especially our own parish, rejoices with you. As I call your name, come and receive your certificate of First Communion.

Leader: Remember, Jesus will be with you as you go forth to love and serve others in His name. Now let us all go in peace as we sing.

Let There Be Peace on Earth

Sy Miller and Jill Jackson

♪ Let there be peace on earth
and let it begin with me;
Let there be peace on earth,
The peace that was meant to be.

With God as our Father,
We are family.
Let us walk now together
in perfect harmony.

Let peace begin with me,
Let this be the moment now.
With ev'ry step I take,
Let this be my solemn vow.
To take each moment
and live each moment
in peace eternally.

Let there be peace on earth
and let it begin with me. ♪

Repaso: Recordaré

1 **¿Qué significa la palabra Eucaristía?**

Eucaristía significa "dar gracias". En la Eucaristía damos gracias a Dios.

2 **¿Por qué damos gracias a Dios?**

Damos gracias a Dios por Jesús, el mayor regalo de Dios a nosotros.

3 **¿Qué hizo Jesús por nosotros?**

Jesús nos enseñó como vivir nuestra fe. El murió en la cruz por nosotros y resucitó para que pudiéramos tener nueva vida.

4 **¿Cuándo Jesús nos dio la Eucaristía?**

Jesús nos dio la Eucaristía en la Ultima Cena, la noche antes de su muerte.

5 **¿Qué pasa con el pan y el vino en la Misa?**

Por el poder del Espíritu Santo y las palabras y acciones del sacerdote, el pan y el vino se convierten en el Cuerpo y Sangre de Jesucristo.

6 **¿A quién recibimos en la Sagrada Comunión?**

Recibimos a Jesús, el Pan de Vida.

Jesús, gracias por ser nuestro Pan de Vida.

1

Me preparo para recibir la Sagrada Comunión

1. Me estoy preparando para recibir a Jesús en la Sagrada _____ .

2. Jesús nos alimenta con su cuerpo. El es nuestro _____ de _____ .

3. Nos reunimos para celebrar como la familia de Jesús en la _____ .

doblar aquí

Recuerdo la palabra de Dios

Ordena las palabras para completar la historia bíblica. Escribe las palabras en el pan.

ñoni   úsJes   bemarh   siagarc

saenp   epsec

Una gran cantidad de gente se reunió para escuchar a ⬭ . Estuvieron con él todo el día. No tenían comida y Jesús sabía que tenían ⬭ .

Un ⬭ tenía algo de comida.

Jesús dio ⬭ a Dios por la comida.

Jesús dio de comer a la multitud con cinco ⬭ y dos ⬭

Jesús,
ayúdame
a escuchar
de corazón.
Amén.

2

Me preparo para recibir la Sagrada Comunión

1. Leemos historias sobre Dios en la

_____ .

2. En la Misa escuchamos historias sobre

Dios en la Liturgia de la _____ .

3. En la Misa nos ponemos de pie para

escuchar la buena nueva de Jesús en el

_____ .

doblar aquí

Recuerdo la palabra de Dios

Escoge tus líneas favoritas del Salmo 148, en la página 22. La foto en la portada del folleto te recordará el salmo. Luego dibuja y colorea una pintura de tu gusto.

_____

_____

_____

_____

Aprende esta poesía.

Si Dios viste las flores,
alimenta a los pajaritos,
¡cuánto no hará el cuidado
amoroso de Dios por sus
hijitos!

3

Me preparo para recibir la Sagrada Comunión

1. Llevamos al altar las ofrendas de

_____ y _____ .

2. El sacerdote ofrece nuestras ofrendas a

_____ .

3. Juntos rezamos,

"Bendito seas por siempre _____ ".

94

Recuerdo la palabra de Dios

Completa las oraciones. Con las palabras que uses completa el crucigrama.

1. Miren las _____ del cielo.

2. Su _____ cuida de ellas.

3. Miren las _____ crecer.

4. Cuanto más _____ Dios por ustedes.

Te damos gracias, Dios Padre,

nos creaste para vivir para ti

y para los demás.

Podemos vernos, hablarnos,

hacernos amigos,

compartir nuestras penas y alegrías.

Con alegría, Padre,

también te damos gracias... diciendo,

"Santo, Santo, Santo es el Señor,

Dios del universo...."

Preparándome para Jesús

4

Me preparo para recibir la Sagrada Comunión

1. Jesús nos da el regalo de sí mismo en la

   _____ _____ .

2. Jesús está realmente presente en

   _____ .

3. Jesús quiere que recordemos que el está

   con nosotros _____ .

doblar aquí

Recuerdo la palabra de Dios

Usa el código.
¿Cuáles fueron las palabras de
Jesús en la Ultima Cena?

A E G H I L M N O R S T

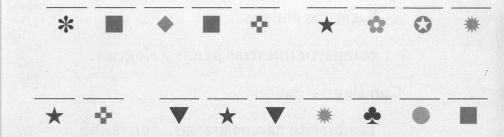

¿Cuándo hacemos lo que Jesús pidió?

Padre Nuestro...

Danos hoy nuestro

pan de cada día.

Danos a tu Hijo,

Jesús,

nuestro Pan de Vida.

5

Me preparo para recibir la Sagrada Comunión

1. Antes de la Comunión nos damos el saludo de la paz de

_____ .

2. Cuando el sacerdote o el ministro dice: "el cuerpo de Cristo", respondemos:

"_____".

3. ¿Qué haces después de recibir a Jesús?

_____

_____

doblar aquí

Recuerdo la palabra de Dios

Los discípulos dijeron: "Señor, enséñanos a orar".

¿Qué oración les enseñó Jesús?

Usa un color amarillo y empieza a colorear en ➡ . Colorea una letra sí y otra no.

Ahora escribe el nombre de la oración en la ventana. Decórala.

Reza esta oración con alguien en tu familia.

Rézala con tu comunidad parroquial en la Misa esta semana.

Empezar aquí ➡

Por nuestros familiares y
amigos y por todas
las personas a quienes
amamos, gracias, ¡oh Dios!

Por el mundo que nos diste
para que lo cuidáramos,
gracias, ¡oh Dios!

Por el regalo de Jesús,
nuestro Pan de Vida,
gracias, ¡oh Dios!

Amén.

Preparándome para Jesús

6

Me preparo para recibir la Sagrada Comunión

1. Cuando el sacerdote nos bendice hacemos

la _____ de la _____ .

2. En la Misa se nos dice: "Pueden ir en

_____ ".

3. Contestamos:

"_____ gracias a _____ ".

doblar aquí

Recuerdo la palabra de Dios

¿Cómo eres una luz? ¿Qué nos dice Jesús sobre ser una luz?

_____

_____

¿Cómo dejarás tu luz brillar durante esta semana?

Yo . . .

☐ ayudaré en la casa

☐ seré justo

☐ seré amable con alguien que no me cae bien

☐ rezaré por algún enfermo

☐ _____

Credo de Nicea

Creo en un solo Dios,
Padre todopoderoso,
Creador del cielo y de la tierra,
de todo lo visible y lo invisible.

Creo en un solo Señor, Jesucristo,
Hijo único de Dios,
nacido del Padre antes de todos los siglos:
Dios de Dios, Luz de Luz,
Dios verdadero de Dios verdadero,
engendrado, no creado,
de la misma naturaleza del Padre,
por quien todo fue hecho;
que por nosotros, los hombres, y por nuestra
salvación bajó del cielo,
y por obra del Espíritu Santo
se encarnó de María, la Virgen,
y se hizo hombre;
y por nuestra causa fue crucificado
en tiempos de Poncio Pilato;
padeció y fue sepultado,

y resucitó al tercer día, según las Escrituras,
y subió al cielo,
y está sentado a la derecha del Padre;
y de nuevo vendrá con gloria
para juzgar a vivos y muertos,
y su reino no tendrá fin.

Creo en el Espíritu Santo,
Señor y dador de vida,
que procede del Padre y del Hijo,
que con el Padre y el Hijo
recibe una misma adoración y gloria,
y que habló por los profetas.

Creo en la Iglesia,
que es una, santa, católica y apostólica.
Confieso que hay un solo bautismo para el
perdón de los pecados.
Espero la resurrección de los muertos
y la vida del mundo futuro. Amén.

Credo Apostólico

reo en Dios, Padre todopoderoso,
Creador del cielo y de la tierra.

Creo en Jesucristo, su único Hijo, nuestro Señor,
que fue concebido por obra y gracia del Espíritu Santo,
nació de Santa María Virgen,
padeció bajo el poder de Poncio Pilato,
fue crucificado, muerto y sepultado,
descendió a los infiernos,
al tercer día resucitó de entre los muertos,
subió a los cielos
y está sentado a la derecha de Dios, Padre todopoderoso.
Desde allí ha de venir a juzgar a vivos y muertos.

Creo en el Espíritu Santo,
la santa Iglesia católica,
la comunión de los santos,
el perdón de los pecados,
la resurrección de la carne
y la vida eterna. Amén.

ORACIONES

Oración para antes de la Comunión

esús, eres mi Pan de Vida. Ayúdame a recibirte en mi corazón. Gracias por compartir la vida de Dios conmigo. Ayúdame a ser siempre fiel a ti.

Oración para después de la Comunión

esús gracias por venir a mí en la Sagrada Comunión. Vienes a vivir dentro de mí. Me llenas con tu vida. Te amo mucho. Ayúdame a crecer en tu amor. Ayúdame a ser y a hacer tu voluntad. Ayúdame a vivir como tú.

Meditación

Sentado en posición cómoda. Relájate y respirando despacio. Quédate tranquilo. Cada vez que respire repite el nombre

Gloria al Padre

loria al Padre, y al Hijo, y al Espíritu Santo: como era en el principio, ahora y siempre por los siglos de los siglos. Amén.

Acción de gracias antes de comer

Bendice Señor, estos dones que vamos a recibir de tu generosidad, por Cristo nuestro Señor. Amén.

Acción de gracias después de comer

Te damos gracias, Dios todopoderoso, por estos dones que hemos recibido por Cristo nuestro Señor. Amén.

Oración en la mañana

Dios mío, te ofrezco hoy todo lo que piense o haga, uniendo mis acciones a lo que Jesucristo, tu Hijo, hizo en la tierra.

Oración en la noche

Dios de amor, antes de ir a dormir quiero darte las gracias por este día lleno de bondad y gozo. Cierro mis ojos y descanso seguro de tu amor.

Ven a celebrar conmigo

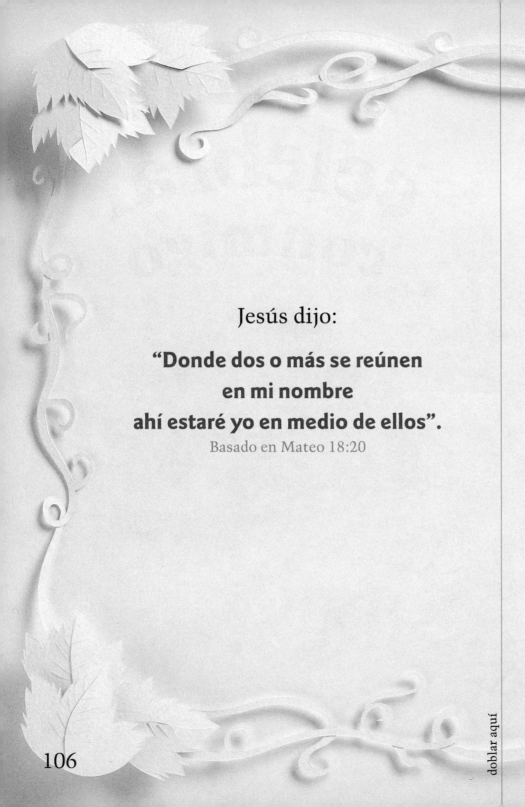

Jesús dijo:

**"Donde dos o más se reúnen
en mi nombre
ahí estaré yo en medio de ellos".**
Basado en Mateo 18:20

doblar aquí

Te invito a asistir a mi Primera Comunión.

_____

(Fecha)

_____

(Parroquia)

_____

(Hora)

**Espero puedas venir a
celebrar conmigo en este
día especial.**

_____

(Nombre)

Recuerdos de mi Primera Comunión

mi fotografía

¡Qué día tan especial!
Siempre lo recordaré

_____

(Fecha)

cuando hice mi Primera Comunión.

El padre _____

celebró con nosotros.

Mi canción favorita fue

_____.

Cuando recibí a Jesús en

la Sagrada Comunión, dije:

"_____",

sí, creo.

Estuve muy feliz de que mis familiares y amigos vinieran a celebrar conmigo:

_____

_____

_____

_____

_____

_____

mi familia

Esto es lo que más recordaré de este día

_____

_____

_____

_____

CANCIONES

Un Mandamiento

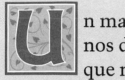n mandamiento nuevo
nos da el Señor,
que nos amemos todos
como nos ama Dios.

La señal de los cristianos
es amarnos como hermanos.

Quien no ama a sus hermanos
miente si a Dios dice que ama.

Cristo Luz, Verdad y vida
al perdón y amor invita.

Perdonemos al hermano
como Cristo ha perdonado.

Comulguemos con frecuencia
para amarnos a conciencia.

Como el ciervo

omo el ciervo que a las fuentes
de agua fresca va veloz
los anhelos de mi alma
van en pos de ti, Señor.

Del Señor, Dios de los cielos,
tiene sed mi corazón.
¿Cuándo, al fin, podrá este siervo
ver tu rostro, gran Señor?

Con canciones de alabanza,
con canciones en su honor,
jubiloso he de acercarme
a la mesa del Señor.

Este pan comamos juntos
en fraterna y santa unión,
este pan que ha preparado
con sus manos el Señor.

Bendigamos al Señor

Bendigamos al Señor,
que nos une en caridad,
y nos nutre con su amor
en el pan de la unidad,
oh Padre nuestro.

Conservemos la unidad
que el Maestro nos mandó,
donde hay guerra, que haya paz,
donde hay odio, que haya amor,
oh Padre nuestro.

El Señor nos ordenó
devolver el bien por mal,
ser testigos de su amor
perdonando de verdad,
oh Padre nuestro.

Al que vive en el dolor
y al que sufre en soledad,
entreguemos nuestro amor
y consuelo fraternal,
oh Padre nuestro.

Oh buen Jesús

Oh Buen Jesús!
Yo creo firmemente,
que por mi bien estás en el altar;
que das tu cuerpo y sangre justamente
al alma fiel en celestial manjar.

Indigno soy, confieso avergonzado,
de recibir la santa comunión.
Jesús, que ves mi nada y mi pecado,
prepara tú mi pobre corazón.

Espero en ti, piadoso Jesús mío
oigo tu voz que dice: "ven a mí".
Porque eres fiel, por eso en ti confío,
todo, Señor, epérolo de ti.

Certificate of First Communion

The parish of _____

joyfully celebrates

with _____

who for the first time received

the Eucharist,

the Body and Blood of Jesus Christ,

on _____ in _____
(Date)   (City, State)

Pastor _____